CATALOGUE

D'UNE NOMBREUSE COLLECTION

D'ESTAMPES

ANCIENNES & MODERNES

PORTRAITS ANCIENS

Livres à Figures

ARRIVANT DE L'ITALIE

Dont la Vente aux Enchères publiques aura lieu

HOTEL DES COMMISSAIRES-PRISEURS

Rue Drouot, 5

SALLE N° 4, AU PREMIER ÉTAGE

Les Lundi 22, Mardi 23 et Mercredi 24 Mars 1869

A UNE HEURE

M° **DELBERGUE-CORMONT**, Commissaire-Priseur,
rue de Provence, 8,

Assisté de MM. **DANLOS** Fils et **DELISLE**, M^{ds} d'Estampes,
quai Malaquais, 1,

Chez lesquels se distribue le présent Catalogue.

EXPOSITION PUBLIQUE

Le Dimanche 21 Mars 1869, de 1 heure à 4 heures.

PARIS — 1869

RENOU ET MAULDE

IMPRIMEURS DE LA COMPAGNIE DES COMMISSAIRES PRISEURS

Rue de Rivoli, 144

CATALOGUE

D'UNE NOMBREUSE COLLECTION

D'ESTAMPES

ANCIENNES & MODERNES

PORTRAITS ANCIENS

Livres à Figures

ARRIVANT DE L'ITALIE

Dont la Vente aux Enchères publiques aura lieu

HOTEL DES COMMISSAIRES - PRISEURS

Rue Drouot, 5

SALLE N° 4, AU PREMIER ÉTAGE

Les Lundi 22, Mardi 23 et Mercredi 24 Mars 1869

A UNE HEURE

M⁰ DELBERGUE-CORMONT, Commissaire-Priseur,
rue de Provence, 8,

Assisté de MM. **DANLOS** Fils et **DELISLE**, Mᵈˢ d'Estampes,
quai Malaquais, 1,

Chez lesquels se distribue le présent Catalogue.

EXPOSITION PUBLIQUE

Le Dimanche 21 Mars 1869, de 1 heure à 4 heures.

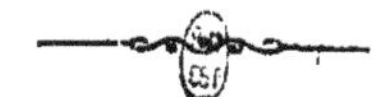

PARIS — 1869

CONDITIONS DE LA VENTE

Elle sera faite au comptant.

Les Acquéreurs paieront CINQ pour CENT, en sus des enchères applicables aux frais de vente.

Les Lots pourront être divisés.

ORDRE DES VACATIONS

PREMIÈRE VACATION

Lundi 22 mars 1869 . . . . N°s 1 à 198

DEUXIÈME VACATION

Mardi 23 mars . . . . N°s 199 à 393

TROISIÈME VACATION

Mercredi 24 mars . . . . N°s 394 à 550

ESTAMPES ANCIENNES

1 **Aldegrever** (H.). Les grands Danseurs de Noces 9 pièces ; trois sont belles d'ép.

2 — Les Vertus et les Vices. 20 pièces.

3 **Anonyme.** Mars, Vénus et l'Amour. Estampe ovale, gravée dans le goût de Reverdino. Très-belle ép.

4 **Anonyme.** Ornements de bijouterie et d'orfévrerie. 47 motifs sur 8 feuilles, à toutes marges.

5 **Anonymes italiens.** Sujets religieux. 14 p. sur bois.

6 **Anonyme.** La Rue Quincampoix en l'année 1720. Belle ép.

7 **Aubry** (D'ap.). L'Amour paternel, les Amants curieux, par Levasseur. L'heureuse Nouvelle, par Simonnet. 3 pièces. Belles ép.

8 **Audouin.** Jupiter et Antiope, d'ap. Le Corrége. Très-belle ép. avant la lettre.

9 **Audran** (G.). Le Martyr de saint André, la Mort de saint François, sainte Françoise, Ulysse découvre Achille, Narcisse. etc. 6 pièces, d'ap. Le Guide, A. Carrache et Le Poussin.

10 — Les Amours, d'ap. Raphaël. 14 pl. in-fol. obl.

11 Audran (B.). Les Batailles d'Alexandre, la Bataille et le Triomphe de Constantin. 8 pièces. Anciennes ép.

12 Baldung-Grun. Le Palefrenier couché, etc., 5 pièces sur bois.

13 Baléchou (J.). Sainte Geneviève, d'ap. Vanloo. Très-belle ép. avant les raies.

14 — La Tempête, d'ap. J. Vernet. Très-belle ép. avant la lettre, avec les armes. Elle est doublée.

15 — La Tempête, d'ap. J. Vernet. Très-belle ép. avant les raies.

16 — La même estampe. Très-belle ép.

17 — Le Calme, d'ap. J. Vernet. Très-belle ép. avant la lettre, avec les armes. Elle est doublée.

18 — Les Baigneuses, d'ap. J. Vernet. Très-belle ép. avant toutes lettres. Elle est doublée.

19 — Le Calme, les Baigneuses, d'ap. J. Vernet. 2 pièces.

20 Baratti. Représentation donnée à Venise, au Théâtre Saint-Benoît, le 22 janvier 1782, d'ap. J. Canal. Très-belle ép.

21 Bartolozzi. La Mort de lord Chatam, d'ap. Coppley. Très-belle ép. avant la lettre. Manque de conservation.

22 — La même estampe. Ép. avec la lettre.

23 — Les Mois de l'année, d'ap. Zocchi. 12 pièces. Livre de paysages, d'ap. Le Guerchin. 15 pièces. Ensemble, 27 pièces.

24 Beauvarlet (J.). Le Triomphe de Mardochée, d'ap. de Troy. Très-belle ép. avant la lettre.

25 **Béham** (H.). Les Noces de village. (B. 154-163.)
Suite complète de 10 pièces, six sont en très-
belles ép.

26 — Le petit Bouffon. (B. 230.) Très-belle ép.

27 — L'Enfant prodigue gardant les pourceaux,
saint Jean-Chrysostome, la Charité, les quatre
évangélistes, Dessin d'un Vase. 8 pièces. Bonnes
ép.

28 **Bella** (Della). Perspective du Pont-Neuf. Ancienne ép.

29 — Les Métamorphoses d'Ovide. 52 pièces. Les
Caprices, Vue de Saint-Omer, Costumes polonais,
Fêtes et Cérémonies, Animaux, Paysages, etc.
270 pièces. Belles et anciennes ép.

30 **Benazech**. Grand paysages, d'après Diétricy.
4 pièces avant la lettre.

31 — Deux Vues des environs de Naples, d'ap. J.
Vernet. Belles ép. avant la lettre.

32 **Benoist** (A.). Procession à Londres, dans le
Strand, le 27 avril 1742. Grande pièce, en largeur.

33 **Berghem** (N.). Le Cahier à la femme, le
Cahier à l'homme. 16 pièces. Anciennes ép.

34 **Bervie**. L'Enlèvement de Dejanire, d'ap. Le
Guide. L'Éducation d'Achille, d'ap. Regnault.
2 pièces. Belles ép.

35 — L'Innocence, d'ap. Merimée. Belle ép. avant
la lettre.

36 **Bloemaert, Saenredam**, etc. Sujets religieux et autres. 23 pièces.

37 **Bolswert** (Sch.-A.). Le Christ au roseau, d'ap. Van Dyck. Belle ép.

38 — La même estampe. Belle ép.

39 **Boissieu** (J.-J. de). Six des grandes pièces de son œuvre.

40 **Bonasone** (J.). Mercure et Minerve, Couronnement de la Vierge, par le maître au dé. Adam et Ève, par Suavius. La Charité, par Reverdino. Etc. 7 pièces.

41 — La Passion. 12 pièces. Le Jugement dernier, Sujets religieux et mythologiques. 33 pièces.

42 **Bourdon** (S.). Les sept OEuvres de miséricorde, 5 doubles avant les adresses. La Charité, l'Assomption, par Pesne. Ensemble, 16 pièces.

43 **Brown** (F.). L'Enlèvement d'Adonis, d'ap. Suanevelt. Très-belle ép. Lettres grises.

44 **Brown** et **Lowry**. Saint Jean prêchant dans le désert, Danse des Bergers, d'ap. C. le Lorrain. 2 pièces. Belles ép. avant la lettre.

45 **Brown** (J.). Appollon et la Sybille, Moïse sauvé des eaux, d'ap. Salvator Rosa et Zuccarelli. Belles ép.

46 **Brown**. L'Enlèvement d'Adonis et pendant, d'ap. Swanevelt. Le Baptême de l'Eunuque, d'ap. Both. Le Soir, d'ap. C. le Lorrain. 4 pièces. Belles ép.

47 **Bruyn** (De). L'Age d'or, d'ap. Bloemaert. La même estampe, copie publiée chez Le Blond. 2 pièces. Belles ép.

48 — Sujets de la Fable, de l'Ancien et du Nouveau
Testament. 10 pièces, intéressantes pour les costumes.

49 **Callot** (Par et d'ap.). Lot de 100 pièces.

50 **Camaïeux italiens**, par Andréani, Hugo da
Carpi, Ant. de Trente, etc. 10 pièces.

51 **Cantarini** (S.), dit *Le Pésarèse*. Ste Famille,
différents Saints, etc. 20 pièces à l'eau-forte.
Belles ép.

52 — Autre lot. 20 pièces.

53 **Carpioni** (J.). Sainte Famille, Saints, Sujets
mythologiques. etc. 12 pièces, à l'eau forte.
Belles ép.

54 — Autre lot. 17 pièces.

55 **Carrache** (Les). Portrait du Titien, D. Barbaro,
par Hollar. 2 pièces.

56 — Sujets divers. 25 pièces.

57 — Autre lot. 28 pièces.

58 — Autre lot. 30 pièces.

59 **Castiglione** (B.). Portraits et Sujets. 28 pièces
à l'eau-forte. Belles ép.

60 **Chiossone** (D.). Le Paradis, d'ap. Fra Angelico.
Très-belle ép. avant la lettre. Sur chine.

61 **Chodowiecki**. Vignettes. 12 pièces.

62 **Collaert** et autres. Sujets de l'Ancien et du
Nouveau Testament, de la Fable, Découverte de
l'Amérique, Batailles des Médicis. 52 pièces en
8 cahiers.

63 **Collaert, Galle** et autres. Les Péchés capi-
taux, 7 pièces. Les Métiers, 10 pièces. La Fabri-
cation de la soie, 6 pièces. Les Mois de l'Année,
12 pièces. Ensemble, 35 pièces. Belles ép.

64 **Cort** (C.). La Transfiguraiton, d'ap. Raphaël. La Cène. 2 ép., avec différences. La Dispute du Saint-Sacrement. 4 pièces. Belles ép,

65 — Compositions, d'ap. Le Titien, J. Mutien, Zuccharo et autres. 27 pièces.

66 **Cranach** et autres. La Tentation de saint Antoine, Jésus au jardin des Oliviers, Sainte Famille, Charles V, Cavalier. 6 pièces sur bois.

67 **Crespi.** Jeux d'Enfants. 23 p.

68 **Delafosse.** La Malheureuse Famille Calas, d'ap. Carmontelle. Très-belle ép.

69 **Delaulne** (Et.). Ornements, Chasses, par V. Solis. 16 pièces.

70 **Denon** (V.). Son Portrait, Mme Lebrun, Ramberg, les Frères de Wael, les Lions, Martyr de saint Pierre, d'ap. Le Titien. Le Christ mort, d'ap. A. Carrache. Compositions, d ap. différents Maîtres. 50 pièces. Belles ép.

71 **Divers.** Fêtes, Cérémonies, etc. 10 pièces.

72 **Dorigny.** La Farnesine, d'ap. Raphaël. Suite complète de 12 pièces.

73 **Ducerceau.** Deux fonds de Coupes. Belles ép.

74 **Durer** (A.). La Mélancolie. (B. 74.) Belle ép. Elle est doublée.

75 — La petite Passion. Sur bois. 27 pl. Anciennes ép.

76 — Sujets de la vie de la Vierge, 7 pièces. Samsom étouffant le lion, Décollation de saint Jean, les trois Croix, Christ en croix entre la Vierge et saint Jean. Ensemble, 12 pièces. Anciennes ép.

77 **Durer** (Par et d'ap.). Sujets de la Passion, Ste Famille, les dix mille martyrs, etc. 18 pièces. Sur bois.

78 — La Nativité, Vierges, Saints, saint Jérôme dans sa cellule, les Offres d'amour, la Mélancolie, etc. 30 pièces.

79 **Durer** (A.) et **Burgmair**. Arc triomphal de l'empereur Maximilien, 8 p. fragments.

80 **Dyck** (D'ap. Ant. Van). Renaud et Armide, par P. de Baillu. Renaud s'éveillant, par P. de Jode. 2 pièces. Très-belles ép.

81 — Marie, princesse d'Aremberg, par P. Pontius. Léonora-Helena de Sieuri, par Vischer. 2 p. Belles ép.

82 — Comte de Pembroke, par V. Voerst. L. Vosterman, par lui-même. 2 pièces. Belles ép.

83 — Vingt-deux portraits, hommes et femmes. Anciennes ép., à grandes marges.

84 — Autre lot de 18 portraits. Anciennes ép.

85 — Autre lot de 35 portraits.

86 **Earlom** (R.). Le Sabbat, d'ap. Téniers. Tigre, d'ap. Stubbs, par Dixon. 2 pièces. Belles ép.

87 **École allemande**. Vingt-quatre pièces, par Aldegrever, Altdorfer et Beham.

88 — Quarante-huit pièces, par Aldegrever, G. Pentcz, Beham, etc.

89 **École anglaise**. La Bataille de la Boyne, la Mort du capitaine Cook, la Mort de lord Manners, Guillaume Tell, la Mort de Henri IV, la Mort de Turenne, d'ap. B. West, Stothard et Zucchi. 6 pièces.

90 — Pièces gravées par Strange, Sharp et autres, d'ap. Le Guide, West, Hogarth et Wilkie. 5 pièces.

91 — Paysages, d'ap. C. le Lorrain, Elsheimer, Vernet, etc. 18 pièces.

92 **Écoles flamande** et et **hollandaise**. Vingt pièces, d'ap. Téniers, Rembrandt, Ostade, etc.

93 — Sujets religieux, allégoriques, costumes, etc. 37 pièces.

94 **École de Fontainebleau.** Saiute Famille, autre Sainte Famille, la Charité, Le Portement de Croix, la Pêche miraculeuse, Empereur romain écoutant un discours, Danaé, les Écorchés, etc. 9 pièces, par L. Daven, Fantuzzi et autres. Belles ép.

95 — La Naissance de la Vierge, la Nativité, Sujets de l'histoire profane, etc. 6 pièces. par des anonymes.

96 **École française.** Compositions religieuses, d'ap. Poussin, Lebrun, Lesueur, Mignard, etc. 17 pièces.

97 — Compositions religieuses et mythologiques, etc. 12 pièces.

98 **École hollandaise.** Le Charlatan, le Faune assis, par Diétricy. Eaux fortes, par Béga, Vaillant, de Bray, etc. 11 pièces.

99 — Eaux-fortes, par Téniers, Schut, Van Uliet et autres.

100 — Animaux, par Berghem, M. de Bye et autres. 72 pièces.

101 École italienne. Eaux-fortes, par Carrache, Meldolla, Le Crémonèse, Sirani, O. Fialetti, Biscaino, etc. 32 pièces.

102 — Eaux-fortes, par Carrache, Le Guide, Castiglione et autres. 20 p.

103 Eaux-fortes, par Mola, Pasqualinus, Lorenzini et autres. 18 p.

104 — Grandes compositions à l'eau-forte, par Farinati, M. Rota, Testa, etc. 20 p.

105 — Compositions à l'eau-forte, par différents maîtres, etc. 25 p.

106 — Eaux-fortes, par différents maîtres. 60 p.

107 — Compositions gravées à l'eau-forte, par différents maîtres. 26 p.

108 — Différentes études, d'après les peintures à fresque des maîtres vénitiens, suite complète de 24 pl. Rare.

109 — Vingt pièces. Compositions d'après Raphaël, le Titien, le Parmesan, le Guerchin, etc.

110 — Quinze pièces, d'après Luini, le Guide, le Guerchin, etc., par Garavaglia, Viviani, Ramboldi, etc.

111 — Compositions d'après A. del Sarte, Corrège. — C. Maratte, etc. 22 p.

112 — Vingt-trois pièces. Sujets religieux, mythologiques et autres.

113 — Compositions d'après les maîtres, par Pitteri, Cunégo, Volpato, etc. 27 p.

114 Edelinck (G.). La Sainte Famille d'après Raphaël. Belle ép.

115 — Le Christ aux Anges d'après Lebrun. Belle ép. avant l'adresse de Drevet. Manque de conservation.

116 **Falck** (J.). La Vieille coquette. — Saint en extase. 2 p.

117 **Folo** (G.). Satyre suprenant une nymphe, Vénus à la coquille. 2 p., belles ép.

118 **Freidhof** (J.). Entrevue de Frédéric-Guillaume de Prusse et du prince de Hesse, d'après Kretschmar. Belle ép.

118 *bis.* **Frey** (de). La Présentation au Temple avant la lettre. — La Leçon d'anatomie. — Buste d'Officiers, etc. 5 p., d'après Rembrandt.

119 **Galestruzzi**. Ornements, frises, cariatides, d'ap. P. de Caravage. 24 p.

120 **Giampicoli**. Vues de Venise, d'ap. Canaletti et Marieschi. 16 p.

121 **Giraud** (J.-B.). Vue du port de Marseille et des galères. Dédiée à M. le comte de Montmor. Grande estampe en deux feuilles, très-rare.

122 **Gheyn** (J. de) et **Muller.** L'Annonciation. — Jésus rescussitant Lazare. — L'Enfant au chien, etc. 7 p.

123 **Ghisi** (les). La Dispute du Saint-Sacrement, d'après Raphaël. B. 23. Belle ép.

124 — Cybèle, d'ap. J. Romain. B. 57. Très-belle ép.

125 — Les plafonds en largeur, d'après Le Primatice. B. 48-51. Très-belles ép.

126 — Les Études de figures de M. Ange. Suite compiète de 72 pl. Belles ép.

127 — La Mort de Patrocle. — La Visitation. — Hercule. — Vénus et Adonis, etc. 6 p.

128 — Sujets de l'ancien et du nouveau Testament, de mythologie. 17 p.

129 **Gmelin** (G.). Quatre grands paysages, d'après C. le Lorrain et Guaspre Poussin. Belles ép.

130 **Goltzius** (H.). L'Annonciation. B. 15. — La Visitation 16. — L'Adoration des Bergers 17. — La Sainte-Famille 20. 4 p. de la suite des chefs-d'œuvre. Très-belles ép.

131 — La Circoncision. B. 18. Belle ép.

132 — La Visitation. — L'Adoration des Mages. — La Circoncision. 3 p.

133 — La Passion du Christ. Suite de 12 estampes, anciennes ép.

134 — Le Christ mort, d'après A. Durer. — La Tentation de saint Antoine. 2 p.

135 — Mars et Vénus surpris en adultère. B. 139. — Les Amours de Mars et Vénus. 276. 2 p., belles ép.

136 **Goltzius** (Par et d'après). Sujets religieux et mythologiques. 20 p.

137 **Goudt** (Comte de). Tobie et l'Ange. — La Fuite en Égypte. 2 p., belles ép.

138 **Haid** (J. de). Vieille Femme, d'ap. Rembrandt. Belle ép. avant la lettre.

139 — Le Joueur de guitare, d'ap. Amoroso. Belle ép. avant la lettre.

140 **Heath** (J.) La Mort de Nelson, d'après B. West. Très-belle ép.

141 **Heilman.** La quatorzième expérience aréosta-
tique de M. Blanchard, faite à Lille, le 17 août
1785, d'ap. L. Watteau. Belle ép.

142 **Hollar** (W.). Le Christ en croix, d'ap. V. Dyck.
Portrait de Femme, d'ap. Holbein. 2 p., très-
belles ép.

143 **Jackson** (J.). Composition d'ap. P. Véronèse
et autres, maîtres de l'École vénitienne. 5 p. en
camaieux.

144 **Jeaurat.** L'Amour coquet. — L'Amour petit-
maître, d'après Ét. Jeaurat. — Le Charlatan
François et le Charlatan allemand, par Rizzi,
d'ap. D. Bertaux. 4 p., belles ép.

145 **Jordaens** (D'après). L'Adoration des Bergers,
par P. de Jode. — Fuite en Égypte et Martyr
d'une Sainte, par Marinus. — Le Satyre chez le
Paysan, par Lauwers. 4 p., belles ép.

146 — Le Satyre chez le Paysan, par Vosterman.
— Le Roi boit, par Pontius. 2 p., belles ép.

147 **Lasinio.** Les Arabesques d'après Raphaël. Ex.
complet.

148 — Métiers de Rome. 10 p. coloriées.

149 **Lebas.** Le Passage du Gué, d'après Berghem.
Belle ép. avant la lettre.

150 **Legrand.** Io suprise par Jupiter, d'ap. Renou.
Belle ép.

151 **Lefèvre** (V.). Compositions, d'après les maîtres
de l'École vénitienne. 28 p.

152 **Leyde** (L.). Par et d'ap. Jésus et les Apôtres.—
Sujets de la Passion. — Ornements, etc. 40 p.

152 *bis.* **Loli** (L.). Les Amours, d'après Sirani. 10. p.

153 **Londonio** (F.). Animaux. 18 p.

154 **Magliolo** (J.-B.). Frises et ornements gro-
tesques. 10 p., belles ép. Rare.

155 **Maratte** (C.), **Palma, Lioni,** etc. Différentes
eaux-fortes. 28 p.

156 **Masson** (Ant.). Les Disciples d'Emmaüs, d'ap.
le Titien. Belle ép. avec marges.

157 — La même estampe. Belle ép.

158 **Mazzuoli** (Par et d'ap.). Différentes eaux-
fortes. 20 p.

159 **Mellan** (Cl.). Tête de Christ. — Le Christ en
croix. Sujets religieux. 8 p.

160 **Merian** (M.). Le Profil de la Ville, Cité et Uni-
versité de Paris, dont l'aspect est pris de dessus
la montaigne de Belle-Ville. Pièce curieuse.
Rare.

161 **Mildiman et Brouwn.** L'Amusement des
Bergers. — Appollon et la Sybille. — Adam et
Ève dans le Paradis. 3 p., belles ép.

162 **Muller** (J.). Mercure enlevant Psyché, d'après
A. de Vriès. 2 p., belles ép.

163 **Nefs** (J.). Jésus et les Pénitents, d'après G. Seg-
hers. Belle ép., rare.

164 **Ostade.** Trente pièces de son œuvre.

165 **Paer** (G.). Vue et perspective du Dôme de Mi-
lan. Grande pièce.

166 **Penctz** (G.). Deux Sujets de l'histoire de Tobie;
Suzanne et les Vieillards, trois sujets de la vie
du Christ; la Conversion de saint Paul. 7 p.,
belles ép.

167 — Sujets de l'histoire de Tobie. — Les quatre
sujets de l'histoire Romaine, en hauteur et les
quatre en largeur. 12 p.

168 — Sujets de l'ancien et du nouveau Testament,
2 p. des Triomphes. Ensemble, 14 p.

169 **Perrier** (F.). Statues d'après l'Antique. 96 p.
Statues par Bloemaert, 16 p. Ensemble 112 p.

170 **Pesne** (J.). Les Sept Sacrements, d'après le
Poussin. Anciennes ép.

171 — Les Travaux d'Hercule. R. D. 31 à 49. Suite
complète de 19 estampes. Très-belles ép.

172 **Piranesi.** Grandes vues de Rome. 9 p., très-
belles ép.

173 **Poilly** (F.). Saint Jean, d'après Lebrun. Belle
ép., avant la lettre.

174 — La Fuite en Égypte. — Deux Sainte Famille.
— Saint Charles Borromée. — Buste de la Vierge,
5 p., d'après le Guide. Lebrun et Mignard.

175 **Porporati.** Clorinde et Tancrède. — Herminie
chez les Bergers, d'après Vanloo. — Agar reçue
par Abraham, d'après V. Dyck. 3 p. anciennes
ép.

176 — Le Bain de Léda, d'après le Corrège. —
Vénus caressant l'Amour, d'après P. Battoni. —
Garde-à-vous. 3 p., anciennes ép,

177 — Le Bain de Léda. — Le Coucher. — Clorinde
et Tancrède. — Clytie, par Bartolozzi, etc. 14 p.

178 **Raimbach** (A.) Les Politiques de village. —
Le Payeur de rentes. Deux pièces, d'après
Wilkie.

179 — Le Colin-Maillard. — Le Petit Commission-
naire. 2 p., d'après Wilkie. Belles ép.

180 **Raimondi** (Marc-Antoine). Notre-Dame à l'Es-
calier, d'après Raphaël. B. 45, ancienne ép. Elle
est doublée.

181 — Mars, Vénus et l'Amour. Belle ép.

182 — La Passion de Jésus-Christ. Suite de 37 estampes, d'après A. Durer. B. 584 à 620. Manque
le titre. Belles ép. rares à trouver dans cet
état.

183 — La Vie de la Vierge, d'ap. A. Durer., 17 p.

184 — La Danse des Amours. — La Femme pen-
sive. — L'Abondance, etc. 7 p., copies. — Le
Laocoon, par M. de Ravenne, etc. Ensemble,
10 p.

185 **Raimondi** (Par et d'après) Les Vertus — La
Peste — Alexandre — La Vierge au Poisson —
Massacre des Innocents, etc. 15 p.

186 **Ravenne** (M. de) et autres. Le Massacre des Innocents — La Cassolette. Sujets mythologiques, etc. 15 p.

187 **Reynolds** (W.). La Chasse au Héron — Mouton dévoré par un vautour, d'après J. Nortcote.
Deux p., belles ép.

188 **Rembrandt.** La Mort de la Vierge. Belle ép.

189 — L'Adoration des Bergers — La Mort de la
Vierge — Résurrection de Lazare, etc., 9 p.

190 **Rembrandt** (D'après). Paysages, Portraits,
Pièces gravées en manière noire, etc. 14 p.

191 Portraits et Sujets, 27 p. copies.

192 **Reynolds** (D'après). Ugolin dans sa prison, ép. avant la lettre. La même avec la lettre. 2 p. belles ép.

193 **Ribera** (J.) Tête d'homme. Très-belle ép. du 1er état. avant les initiales de Wyngaerde.

194 **Robetta.** La Vierge aux Anges — Hercule et Anthèe, par Mantegna — Descente de Croix, par J. de Bresse, 3 p.

195 **Rosa** (S.). Régulus — Démocrite et Platon. Études de Soldats, etc., 32 p.

196 **Rota** (U.). Le Jugement dernier — Martyr de saint Pierre — Le Denier de César, etc., 11 p.

197 **Rossi** Coupole de l'église Sainte-Agnès, à Rome et autres, 14 p.

198 **Rozel** (H.). Jésus en croix entre plusieurs saints.

199 **Rubens** (D'après). Le Christ à la lance, par Bo- lowert. Belle ép.

200 — L'Assomption de la Vierge, par Bolswert. Autre, par P. Pontius, 2 p.

201 — La Vierge et l'Enfant Jésus, par Quellinus. —Saint Roch.

202 — Saint Ignace de Loyola et saint François- Xavier, par Bolswert. 3 p., belles ép.

203 — L'Adoration des Mages, par Witdouc — Le Sacrifice d'Abraham — Sénèque, par C. Galle. La Fuite en Égypte, par Vosterman, 4 p., belles ép.

204 — Bacchanale — Nymphes endormies, par Soutman — L'Enlèvement de Proserpine, par Spruyt. 3 p., belles ép.

205 — Sujets religieux de la Fable allégorique, etc.,
10 p.

206 — Sujets de l'Ancien Testament. Paysages, etc.,
11 p.

207 — Sujets religieux, gravés par Bolswert, P. Pontius, Vosterman et autres, 14 p.

208 **Rubens et Van Dyck** (D'après). La Vieille à la chandelle — Les Pères de l'Église, par V. Dalen — L'Assomption de la Vierge, par Bolswert Renaud et Armide. 4 p., belles ép.

209 — Le Cardinal Bellarmin, par Bolswert — Orgie, par Wyngaerde — Sainte Cécile, par Lauwers — Jésus parlant aux malades, par P. de Jode. 4 p., belles ép.

210 **Sadeler** (E.). La Vierge et l'Enfant Jésus, d'ap. A. Durer. Très-belles ép.

211 — Deux Têtes de femmes et une Tête d'homme, d'ap. A. Durer. 3 p., belles ép.

212 **Sadeler** (J.). Les Mois de l'année, d'après Tempesta. 12 p.

213 — Sujets du Nouveau Testament, d'ap. M. de Vos. 12 p., belles ép.

214 — Quatorze Pièces, Sujets religieux et autres.

215 — Sujets de l'Ancien et du Nouveau Testament Angélique et Médor — Un Festin, allégorie par Wrints. 5 p.

216 — Les Solitaires, 17 p. — Autre suite, 24 p. — Les Anachorètes, 28 p. — Les Empereurs d'Allemagne, 26 p., etc. Ensemble, 108 p.

217 — Trente-huit pièces, Paysages et sujets divers.

218 — Monuments antiques de Rome, 50 p.

219 **Saenredam** (J.). Adam et Ève — Judith — La Folie. 3 p., d'ap. Goltzius et Corneille de Harlem. Belles ép.

220 **Schiavone.** Panneaux d'ornements. 2 p. rares.

221 **Scharp** (W.). Sainte Cécile, d'après le Dominiquain. Très-belles ép., lettres grises.

222 — Diogène, d'après S. Rosa. Très-belle ép., avant toutes lettres. Elle a toute sa marge.

223 — La Sorcière d'Endor. Belle ép. avant la lettre.

224 — Cromwell dissolvant le Parlement — La Restauration de Charles II. 2 p., très-belles ép., lettres grises.

225 — Les mêmes Estampes, ép. avec la lettre.

226 — Alfred VI d'Angleterre partageant son pain — Les Derniers adieux de Charles Ier. Belles ép. avant la lettre.

227 **Schiavonnetti.** Adam et Ève — La Madeleine et autres différentes compositions, 7 p.

228 **Schmutzer** (J.). Saint Ambroise et l'empereur Théodose, d'après Rubens. Très-belle ép. avant la lettre.

229 **Smith.** Chien en arrêt, d'après Wilson. Belle ép. avant la lettre.

230 **Silvestre** (Is.). Profil de la Ville de Paris — Vue de Notre-Dame de Lorette. 2 p., belles ép. rares.

231 **Solis.** (V.). Différents sujets des Évangiles. B. 27 à 53. Suite de 54 pl. Incomplète de 4 p.

232 — Les douze mois de l'année. B. 137 à 148. Belles ép. d'une suite rare.

233 **Strange** (R.). Saint Jérôme, d'après le Correge. Très-belle ép.

234 — La Madeleine assise, d'après le Guide. Très-belle ép.

235 — Portrait de Raphael. — Sapho d'après C. Dolci. 2 p. belles ép. avec marges.

236 — Cupidon — Bélisaire — Buste de la Vierge. — Un Ange — 4 p., belles ép.

237 **Suiderhœf** (J.). La Chûte des Anges rebelles, d'après Rubens.

238 **Tiépolo.** Sujets religieux, Caprices, etc. 13 p.

239 **Titien** (Par et d'après). Le flûteur — Saint François — Saint Jérôme dans le désert. Paysage à la femme trayant une vache — Saint Sébastien et plusieurs saints — Milon de Crotone, 6 p. sur bois.

240 — L'Adoration des Bergers — La Sainte-Famille — Saint François — Saint Jérôme — Vénus et l'Amour — Paysages, etc., 9 p.

241 **Uliet** (Van). L'Hermite — Les Métiers. 6 p., anciennes ép.

242 **Vasi** et autres. Vues et Fêtes à Rome, 10 p.

243 **Vénitien.** Le maître au Dé.

244 **Vico** (E.) Le Christ mort, saint Barthélemy, d'ap. Raphaël. — La Peste, par Raimondi. 3 p. Belles ép.

245 **Villamena et autres.** Sujets religieux et de fantaisie. 16 p.

246 **Vosterman** (L.). Suzanne et les Vieillards.
Belle ép.

247 — La Dispute des Paysans, d'ap. Breughel.
Belle ép.

248 **Visscher** (C.). La Bohémienne.—Les Patineurs.
— Saint François aux pieds de la Vierge. 3 p.

249 **Visscher** (les). Les Musiciens ambulants. —
La Bohémienne. — Le Bal. — Animaux. —
Paysages. D'ap. Berghem, etc. 23 p.

250 **Watteau** (D'ap.). Les quatre Éléments. —
Arabesques.

251 **Wierrix** (J.). La Passion. 14 p. — Le sacré
cœur de Jésus. 17 p., ensemble 31 p.

252 **Wille** (J.-G.). Agar renvoyée par Abraham,
d'ap Dietricy. Très-belles ép. avant toutes lettres.

253 — La Mort de Marc Antoine, d'ap. P. Battoni.
Très-belle ép. avant la lettre.

254 — La Sœur de la bonne femme de Normandie,
d'ap. Wille fils. Très-belle ép. avant la lettre.

255 — Les Musiciens ambulants et les offres réci-
proques, d'ap. Dietricy. 2 p. anciennes ép.

256 L'Instruction paternelle. — La Mort de Cléopâtre. — Le Concert de Famille. 3 p. anciennes
ép.

257 — La Tricoteuse et la cuisinière hollandaise,
d'ap. Mieris et Metzu. 2 p. Belles ép.

258 — Les bons Amis, d'ap. Ostade. — Le jeune
Joueur d'instrument, d'ap. Schalken. — Le
Repos de la Vierge, d'ap. Dietricy. — Bonne
Femme de Normandie. 11 p. Belles ép.

259 — La Ménagère hollandaise. — La Tante de
G. Dow. — La Tricoteuse. — Le Philosophe. —
Agar renvoyé par Abraham, etc. 8 p.

260 — L'Instruction paternelle. — Le concert de
Famille. — La Mort de Cléopâtre. — La Liseuse
et la Dévideuse, etc. 6 p.

261 **Woollett** (W.). La Mort du général Wolf. Ép.
lettres grises. Elle est doublée et mal conservée.

262 — La même estampe avec la lettre. Belle ép.

263 — Bataille de la Hogue. — La Mort du Général
Wolf.

264 — The Spanish Pointer, d'ap. Stubbs. Très-
belle ép. avec marge.

265 — La Solitude. — Cicéron à sa villa, d'ap.
Wilson. 2 p. Belles ép.

266 — Les mêmes estampes. Belles ép.

267 — Jacob et Laban, d'ap. C. le Lorrain, estampe
connue sous le nom du grand pont. Très-belle
ép.

268 Phaeton, d'ap. Wilson. Belle ép.

269 — Macbeth, d'ap. Zuccharelli. — The rural
cott, d'ap. Smith. 2 p. Belles ép.

270 — Les Édifices romains, d'ap. C. le Lorrain. —
La Pêche d'ap. Wright. 2 p. Belles ép.

271 — Les 4 Chasses, d'ap. Stubbs. Belles ép.

272 — Jocund. peasants, d'ap. C. Dusart. — Le
Moulin, d'ap. Richards. 2 p. Belles ép.

273 — Niobé. — Phaéton. — Ceyx et Alcyon. —
Paysages, etc., d'ap. Wilson et autres. 10 p.

ESTAMPES MODERNES

274 Anderloni (P.). La Sainte Famille de la galerie Stafford, d'après Raphaël. Très-belle ép. avant la lettre.

275 — La Vierge aux anges, d'ap. le Titien. Très-belle ép. avant la lettre, grande marge.

276 — Attila. — Héliodore chassé du temple, d'ap. Raphaël. Deux estampes faisant pendant. Très-belles ép. avant la lettre. Lettres grises.

277 — Héliodore chassé du temple. Belle ép.

278 — La Femme adultère, d'ap. le Titien. Très-belle ép.

279 -– La même estampe. Belle ép.

280 — La Vierge de la galerie de Vienne, d'ap. Raphaël. Belle ép.

287 — Sainte Famille d'ap. le Poussin. — Vierge aux anges, d'ap. Garafolo, 2 p. Belles ép.

282 — Shakespeare. — Pierre le Grand. — Boerhaave. F. Paer, etc. 12 portraits avant et avec la lettre.

283 Beretta. Le comte Carmagnole dans la prison. — Mort d'un Prince de la maison de Médicis. 2 p. Belles ép. avant la lettre.

284 Bettelini. La Vierge dite au Dévot, d'ap. le Corrège. Belle ép.

285 — L'Arioste, d'ap. Tofanelli. — Poliziano, par Hermini. 2 p. Belles ép. lettres grises.

286 **Bernardi**. Vitruve. — Serlio. — Palladio. — Vignole. 4 portraits d'ap. V. Caggio. Très-belles ép. lettres grises.

287 **Boscolo**. La Madeleine en prière. Très-belle ép. avant toutes lettres.

288 — La Madeleine, d'ap. Schiavoni. Très-belle ép. avant la lettre.

289 — La Vierge et l'enfant Jésus d'ap. Costa. — La Madeleine en prière. — La Jurisprudence, d'ap. Raphaël. 3 p. Belles ép.

290 — La Madeleine. — Femme nue, d'ap. Hayez. — Portrait de la Princesse Ranieri. 3 p. Belles ép.

294 **Boscolo et Bonato**. La Vierge et l'enfant Jésus d'ap. J. Bellin. — La Vierge et l'enfant Jésus. d'ap. Tofanelli. 2 p. Belles ép. avant la lettre.

292 **Calamatta** (L.). La Vierge à la chaise, d'ap. Raphaël. Belle ép.

290 — La Joconde, d'ap. L. de Vinci. Belle ép. sur papier de chine.

294 — Le comte de Cavour, d'ap. Massuti. Ép. av. la lettre.

295 **Chatillon**. Saint-Michel, d'ap. Raphaël. Très-belle ép. avant toutes lettres. Sur papier de chine.

296 **Columbo**. Le massacre des innocents, d'ap. Raphaël. Copie de l'estampe de Marc-Antoine. Belle ép.

297 **Costa** (Ant.). La Vierge et l'enfant Jésus entre deux saints. Belle ép. avant la lettre.

298 **Dala** (G.). La Vierge à la chaise. Belles ép., lettres grises.

299 **Desnoyers** (F. Boucher). La belle Jardinière, d'ap. Raphael. Très-belle ép.

300 La Vierge de la maison d'Albe, d'après Raphael. très-belle épr.

401 Napoléon Ier en pied d'après Gérard. Belle épr.

302 Maurice de Talleyrand, d'après Gérard, très-belle épr. lettres grises.

303 François Ier et sa sœur, d'après Richard. Belle épreuve.

304 **Esquivel** (E.). La vierge à la bénédiction, d'ap. Raphael. Belle épr.

305 **Fontana.** La Vierge à la chaise, d'apr. Raphael. Belle épr.

306 **Forster** (F.) Sainte-Cécile, d'apès P. Delaroche, Très-belle épr., avant la lettre signée du graveur.

307 La Vierge de la maison d'Orléans, d'après Raphael. Belle épr.

308 **François** (Alph.). La tentation du Christ, d'après A. Scheffer. Très-belle épr. avant la lettre sur papier de chine.

309 **Gandolfi.** Sainte-Cécile, d'après Raphael. Très-belle épr. avant toutes lettres avec la remarque.

310. — L'éducation de l'Amour, d'après P. Palagi. Belle épr.

311 **Gandolfi et Longhi.** L'Amour endormi. L'Amour assis avant la lettre. L'enfant Jésus, 3 pièces.

312 **Garavaglia** (**G.**) Jacob et] Rachel, d'ap. Appiani. Superbe épr. avant toutes lettres, avec la remarque.

313 — La Vierge à la Chaise, d'ap. Raphaël. Très-belle épr. avec marges.

314 — David et Goliath. Belle épr. lettres grises.

315 — Judith, d'ap. Allori. Très-belle épreuve, lettres grises.

316 — L'enfant Jésus, d'ap. C. Maratte. Judith d'ap. Allori. 2 pièces, belles épr.

317 **Garavaglia et Toschi.** Charlemagne. — Charles V. Boccace. Galilée, etc. 12 pièces.

318 **Garnier** (**F.**). La Vierge aux balances, d'ap. L. de Vinci. Sainte Catherine, d'ap. C. Dolci, avant la lettre. 2 pièces.

319 **Geniani** (**G.**). La Vierge, l'enfant Jésus et Saint Jean, d'ap. Raphaël. Très-belle épr. avant toutes lettres.

320 — La Vierge et l'enfant Jésus, d'ap. C. da Cesto Belle épr.

321 **Girard**. Les Saintes femmes, d'ap. A. Scheffer. Belle épr.

322 **Jési** (**S.**). Léon X, d'ap. Raphaël. Très-belle épr. avant toutes lettres, dite au bouton blanc. Elle est signée du graveur.

323 — La même estampe. Épr. non terminée.

324 **Laugier**. La belle Jardinière, d'ap. Raphaël. Belle épr. sur papier de Chine.

325 **Lauro**. Les Trois Grâces, d'ap. Raphaël. La Madeleine, d'ap. le Titien. Saint Jean enfant. 3 pièces.

326 **Lecomte (N.)** La Vierge et l'enfant Jésus, d'ap. Francia. Belle ép. avant la lettre sur papier de Chine.

327 — Dante et Béatrix, d'ap. A. Scheffer. Belle épr.

328 **Longhi (G.).** Le Mariage de la Vierge, d'ap. Raphaël. Très-belle épr. avant l'inscription sur le temple.

329 — La Vierge à la Bénédiction, d'ap. Raphaël. Belle épr.

330 — La Vierge au Voile, d'ap. Raphaël. Belle épr.

331 — Madonna del Lago, d'ap. Raphaël. Belle épr.

332 — La Vision d'Ezéchiel, d'ap. Raphaël. Belle ép.

333 — Le général Bonaparte, d'ap. Gros. Belle épr.

334 — Longhi. Washington. Dandolo. M.-Ange. Charles V. Portraits, d'ap. Rembrandt. 10 pièces.

335 **Longhi, Jési et Gandolfi.** B. Cellini. Pétrarque. Arioste. Jési. Washington. Socrate, etc. 12 portr. avant et avec la lettre.

336 **Longhi et Rosaspina.** Les Fastes de Napoléon-le-Grand. 32 pièces. Très-belles épr. avant la lettre. Rare.

337 **Martinet (A.).** La Vierge à la Rédemption, d'ap. Raphaël. Belle épr.

338 **Mercury (P.).** Abraham et Agar. Très-belle épr. avant toutes lettres.

338 bis. — Le Tasse. Belle épr. sur papier de Chine.

339 **Morel.** Le Jugement de Salomon, d'ap. le Poussin. Très-belle épr. avant la lettre.

340 **Morghen (R.).** La Cène, d'ap. L. de Vinci. Superbe épr. avant la virgule. Elle a toute sa marge.

341 — La même estampe. Belle épr.

342 — La Transfiguration, d'ap. Raphël. Très-belle épr.

343 — La même estampe, par Ant. et R. Morghen.

344 — La Vierge au Chardonneret, d'ap. Raphaël. Belle épr.

345 — La même estampe. Belle épr.

346 — Parce Summum rumpere, d'ap. le Titien. Très-belle épr. avec la première adresse. Elle a toute sa marge.

347 — La même estampe. Elle a toute sa marge.

348 — Tête de Christ, d'ap. L. de Vinci. Épr. avant et avec la lettre.

349 — La Sainte-Famille, d'ap. Rubens. Jésus et la Madeleine, d'ap. le Baroche. Saint Jean, d'ap. G. Reni. 3 belles épr.

350 — La Danse des Heures. Le Repos en Égypte. Deux estampes, d'ap. le Poussin. Belles épr.

351 — Appollon et les Muses, d'ap. R. Mengs. La Chasse de Diane, d'ap. le Dominiquain. Belles épr.

352 — Appollon et les Muses, d'ap. R. Mengs. Le Repos en Égypte. 2 pièces. Belles épr.

353 — La Poésie, d'ap. C. Dolci. La Poésie, d'ap Hamilton. 2 belles épr.

354 — La Poésie et la Peinture, d'ap. Hamilton. La Poésie, d'ap. C. Dolci. 3 pièces.

355 — Loth et ses filles, d'ap. le Guerchin. Belle épr.

356 — Les Trois Ages, d'ap. Gérard. Belle épr.

357 —François de Moncade, à cheval, d'ap. V. Dyck. Très-belle épr., lettre grise. Manque de fraîcheur.

358 — La même estampe, avant les contre-tailles sur la cuirasse. Belle épr.

359 — Raphaël. La Fornarina, d'ap. Raphaël. Deux pièces.

360 — L. de Vinci, d'après lui-même. — Raphaël. 2 p., belle ép.

361 — Le Tasse. — Pétrarque. — M. Ange. — Léon X. 4 p.

362 — Canova. — Le Dante. — Machiavel. — Canova. 4 p.

363 — Le Dante. — Fortuna-Fulgher, avant et avec la lettre. — Portrait de femme. — Guicciardini. 5 p.

364 — Morghen. — François Ier, empereur d'Autriche. — Ferdinand III, duc de Toscane. — Volpato. — Meyer. — Turchi. 6 p., belles ép.

365 — La Famille de Holstein-Beck, d'ap. A Kauffmann. Belle ép.

366 — La Famille de Holstein-Beck. — Angélique et Médor, par Folo. 2 p., belles ép.

367 — Tombeau de Clément XIII, d'après Canova. Belle ép. avant la lettre. — La même estampe. Ép. avec la lettre.

368 — Vignettes et Portraits. 7 p.

369 **Muller** (F.). La Madone de Saint-Sixte, d'après Raphaël. Très-belle ép., manque de conservation.

370 — Saint-Jean, d'après le Dominiquain. Très-belle ép. avec l'année 1808.

371 — La même estampe. Belle ép. avec la date 1812.

372 **Perfetti** (Ant.). La Présentation au Temple, d'ap. Fra-Bartholomeo. Belle ép., lettres grises sur papier de Chine.

373 — Beatria Cenci, d'ap. Le Guide. Belle ép. avant toutes lettres.

374 **Rainaldi** (F.). La Cène, d'ap. L. de Vinci. Ép., lettres grises.

375 **Rosaspina** (F.). La Danse des Amours, d'ap. l'Albane. Très-belle ép. avant toutes lettres, imprimée sur vélin.

376 — La même estampe. Belle ép., lettres grises.

377 **Schiavoni** (N.). L'Assomption de la Vierge, d'ap. le Titien. Très-belle et ancienne ép.

378 **Steinla** (M.). La Mise au tombeau, d'ap. Fra-Bartholomeo. Belle ép. La même estampe.

379 **Tardieu** (A.). La Communion de saint Jérôme, d'après le Dominiquain. Belle ép.

380 **Toschi** (P.). La Descente de croix, d'après D. de Volterre. Très-belle ép. avant toutes lettres.

381 — Madonna della Scodella, d'après le Corrège. Très-belle ép.

382 — Madonna della Tenda, d'ap. Raphaël. Belle ép.

383 — La Piété, d'après Canova. Très-belle ép. avant la lettre.

384 — Vénus et Adonis, d'après l'Albane. Belle ép.

385 — L'Entrée de Henri IV à Paris, d'ap. Gérard.
Belle ép. Une déchirure dans le haut de l'estampe.

386 — Charles-Albert, roi de Piémont. Portrait
équestre, d'après H. Vernet. Très-belle ép. avant
toutes lettres.

387 — Alfiéri, d'après Fabre. Très-belle ép. avant
la lettre sur papier de Chine.

388 — Le Comte de Cazes, d'après Gérard. — Machiavelli, d'après Sante-di-Tito. 2 port., belles
ép.

389 **Viviani** (Ant.). La Vierge et plusieurs saints.
Très-belle ép. avant la lettre.

390 — La Vierge et plusieurs Saints, d'ap. Le
Titien. Très-belle ép. avant la lettre (lettres
grises).

391 — La même estampe. Ép. non terminée.

392 — Lavinia, d'ap. Le Titien. — Violente, d'ap.
P. Bordone. 2 p. Belles ép. (lettres grises).

393 — Lavinia. — Ang. Kauffman, par Bertazzi.
2 p. Belles ép.

PORTRAITS

394 **Anonyme italien.** Jules Casserius, médecin.
R. Farnese, duc de Parme. 2 portr. gravés dans
le goût d'A. Carrache. Belles ép.

395 **Anonymes**. Charles de Secondat, baron de Montesquieu. Très-belle ép. d'un portrait rare.

396 — M. et Mme Garnerin, aéronautes. 2 portr. en ovale sur la même planche.

397 **Audran** (B.). Fénelon, l'Abbé Bignon, d'ap. Vivien. 2 p.

398 **Baléchou** (J.). C. Rollin. — J. de Jullienne. — Le Prince d'Orange. 3 p.

399 **Bervic** (J.). Louis XVI en manteau royal, d'ap. Callet. Belle ép. avant la déchirure.

400 **Blooteling**. C. Tromp, d'ap. Peter Lely. Belle ép.

401 **Chereau** (F.). N. de Largillière. — Louis de Boullonge. — Le Cardinal Fleury. 3 pièces. Belles ép.

402 **Cosway** (D'après). Le Général Kosciusko, par Cardon. — Mlle Mars, par Lignon. 2 p. Belles épreuves.

403 **Cousins** (S.). Sir Astley, Paston Cooper, célèbre chirurgien, comte d'Aberdeen. — Roberts Bancks. 3 portr., d'ap. Lawrence. — John Banister, par Clint. Eus. 4 p. Belles ép.

404 **Dalen** (C. Van). Sébastien del Piombo. Belle ép. avant la lettre.

405 — René Descartes. Très-belle ép.

406 **Daullé** (J.). Catherine Mignard, comtesse de Feuquière. Très-belle ép. avant l'adresse du graveur. Remargée.

407 — H. Rigaud et sa femme. Belle ép.

408 — Louis-Ph. d'Orléans, duc de Chartres, d'ap. S. Belle. Belle ép.

409 — Le Cardinal de Polignac. — Maupertuis. — C. Deshais-Gendron. 3 pièces. Belles ép.

410 — J.-B. Rousseau, — Gauffecourt. — Lemercier. — 3 pièces. Belles ép.

411 De Launay. Sébastien Leclerc, d'ap. Nonotte. Belle ép. avant la lettre.

412 Delft (W.). Frédéric, roi de Bohème, et Élisabeth, sa femme, d'ap. Mirevel. Très-belles ép.

413 Divers. Voysin, par Pitau. — Catinat, par Vermeulen. — H. de Lionne, par Laroussière. — La Mothe-Houdancourt, par Lenfant, etc. 4 p.

414 — L. Galoche, par Muller. — N. Bertin, par Lepicié. — Chauveau, par Boudan. — Lafont, par Lombard. — L. de Boullonge, par Chereau. — 5 p. Belles ép.

415 — F. Lallemant, par Picart. — Cardinal Fleury, par Houbraken. — Abbé de Saint-Pierre, etc. — 10 portr. d'ecclésiastiques. Belles ép.

416 — Titon du Tillet, par Petit. — Bertin, par Gaillard. — A. Bignon, par Delaunay. — Tombeau du Maréchal de Saxe, par Cochin, etc. 10 p.

417 — S. Vouet, par Perrier. — Vanloo, par Klauber. — Verdier, Pœrson, par Desrochers, etc. 8 p.

418 Drevet (les). Samuel Bernard. Ép. avant le mot conseiller d'État ; mal conservée.

419 — Le même portrait. Belle ép.

420 — J.-B. Bossuet, en pied, d'ap. Rigaud. Belle ép.

421 — Claude Leblanc, ministre de la guerre. Belle
ép.

422 — Boileau. — J. Forest. 2 p. Bonnes ép.

423 — Le cardinal Dubois. — Guillaume de Vintimille. — Deux portraits, d'ap. Rigaud. Belles
ép.

424 — Samuel Bernard. — G. de Vintimille. —
2 p.

425 — La Duchesse de Nemours. — Mme Lebret. —
H. Lambert. 3 p.

426 — H. Rigaud. — J. Girardon. — B. Keller. —
Le Duc d'Orléans. 4 p. Belles ép.

427 — R. de Cotte. — La Duchesse de Nemours.
— L. Delamet. — Mme Keller. — 4 portr., d'ap.
Rigaud et Largillière.

428 **Édelinck** (G.). Phillippe de Champagne.
Belle ép.

429 — Ph. de Champagne. — Lebrun. — De Blye.
3 p.

430 — Ch. M. Letellier, archevêque de Reims. —
J. Colbert, archevêque de Toulouse. 2 p. Belles
ép.

431 — M. Letellier. — Maréchal de Gassion. — Ha-
mau. 3 p.

432 — F. Léonard. — Mouton. — Mansart. — M. Letellier, etc. 8 p.

433 **Gaillard**. Princesse Galitzin. — P. Czernickew,
par Dupuis. — Marie Stuart, par Houbraken.
3 p.

434 **Gole**. Marie-Thérèse, reine de France. Belle
ép.

435 **Haid.** Luther et sa femme, d'ap. L. Cranach. Belles ép.

436 **Hondius** (H.). Le cardinal de Richelieu. Très-belle ép.

437 — Isabelle, Claire, Eugénie en religieuse, d'ap. Van Dyck. Très-belle ép.

438 — Frédéric, roi de Bohême. — Élisabeth, sa femme. 2 p. Très-belles ép.

439 — H. Cornelius Longkius, d'ap. J. Mytens. Très-belle ép.

440 **Hondius et Delft**. Guillaume, comte Nassau. — Wolfang, comte palatin du Rhin, d'ap. Mytens ei Mirévelt. 2 p. Belles ép.

441 **Keinninger**. Ferdinand, duc de Toscane. — Archiduc d'Autriche, par Clerck. — M.-Thérèse d'Autriche, par Kupfer. — L. Weissio par Kussel. 4 p. Belles ép.

442 **Kilian** (L.). Portrait d'A. Durer. — Autre portrait dans un frontispice. 2 p.

443 **Massard** (R.). Louis XVIII, d'ap. Gérard. Belle ép.

444 **Masson** (Ant.). P. Dupuis. (R. D. 25). Très-belle ép.

445. — Forbin de Janson, évêque de Marseille. (R. D. 27). Très-belle ép. avec marges.

446 — Le même portrait. Belle ép.

447 — Henri de Lorraine, comte d'Harcourt. (R. D. 34). Belle ép.

448 — Le même portrait. Belle ép.

449 — Marie-Thérèse, reine de France, d'ap. Mignard. (R. D. 49). Belle ép.

450 — N. de Nicolaï. (R. D. 54). Très-belle ép.

451 — André Le Nostre. — Louis XIV. — Ch. Patin. 3 p.

452 — La duchesse de Guise. — Masson. — Brisascier. — N. Colbert, etc. 6 p.

453 **Mellan** (Cl.). Son portrait. — Maréchal de Toyras. — Peiresc, etc. 4 p.

454 **Montagne** (N. de Platte). Vincent Barthélemy, avocat. Belle ép.

455 **Moncornet de Larmessin**. Différents portraits. 22 p.

456 **Muller** (J.). Albert, archiduc d'Autriche. — Isabelle-Claire-Eugénie. — Deux portraits d'ap. Rubens.

457 — Albert, archiduc d'Autriche et Isabelle. — A. Spinola. — Delbœ. — Silvius, par Van Dalen, etc. 7 p.

458 **Nanteuil** (R.). Beaumanoir de Lavardin. (R. D. 35). 1er état. Très-belle ép.

459 — Le maréchal de Guébriant. (R. D. 104). 1er état. Très-belle ép.

460 — Natalis le Boultz, conseiller au parlement de Paris. (R. D. 124). Belle ép.

461 — Michel Letellier. (R. D. 130). — Ph. de Lavrillière, 128. 2 p. Belles ép.

462 — Ch. M. Letellier. (R. D. 140). Très-belle ép.

463 — Louis XIV. (R. D. 153). 1er état. — Le même portrait. 2e état.

464 — Hardouin de Péréfixe. (R. D. 211). 1er état. Belle ép.

465 Regnauldin de Bereu. (R. D. 216). Belle ép. du 1ᵉʳ état avec la planche accessoire.

466 — P. du Cambout de Coislin, évêque d'Orléans. (R. D. app. 3). Belle ép.

467 — P. Poncet. — M. Lamasle. — Van Steenberghen. 3 p.

468 — Van Steenberghen. — N. de Neufvilte. — L. Goyon de Matignon. 3 p.

469. — Hardouin de Péréfixe. — Hesselin Le Coigneux. — Sarrazin. — G. de Lamoignon, etc. 9 pièces.

470 **Picart** (B.). Le prince Eugène. — F. de Médicis, par Édelinck. — Th. Howard et sa femme, par Vosterman. — La princesse d'Este, par Holstein, etc. 5 p.

471 **Pitau et Lombart.** Denis Sanguin, évêque. — Chassebras de la Grandemaison. 2 p. Belles ép.

472 **Poilly** (F.). Louis XIV, d'ap. Mignard. Belle ép.

473 — Ant., duc de Noailles, d'ap. Vaillant. Belle ép.

474 **Pontius et Visscher.** Philippe IV, roi d'Espagne. — J. de Heim. — P. Proelius. — Visscher. — V. Haren, par Bloteling. 5 p.

475 **Preisler** (J.). Le cardinal de Bouillon, d'ap. Rigaud. Belle ép.

476 **Ravenet.** Portrait de Raphaël Mengs, d'ap. lui-même. Belle ép.

477 **Rota** (M.). L'empereur Maximilien II. — Portrait d'homme, par Wierrix. — San. Micheli, par Balestra. 4 p.

478 **Sadeler**. L'empereur Mathias. — La Dame au
nègre. — Le Tasse. — Ernest, archevêque de
Cologne, etc., 7 p. Belle ép.

479 **Schiavonetti**. Joseph Bancks, d'ap. Th. Phi-
lipps. Très-belle ép., lettres grises.

580 **Schmidt** (J.). P. Mignard d'ap. Rigaud. — Tu-
bière de Caylus. 2 p. Belle ép.

481 **Scharp** (W.). Lord R. Dundas, d'ap. Raebrun.
Sir F. Burdett, Jean Hunter, d'ap. Reynolds.
3 portraits. Belle ép. avant la lettre.

482 — Matthew. Bulton, d'ap. Beachey. — John
Hyde, d'ap. Home. — 2 portraits. Belles ép. avant
la lettre.

483 **Scharp**, et autres, Le prince de Galles. — W.
Pitt. Kemble. — Th. Erskine, etc. 5 p.

484 **Shuppen** (Van). Louis XIV, d'ap. Lebrun.
Très-belle ép.

485 — Louis, Dauphin de France, d'ap. de Troy.
Belle ép.

486 — Philippe de France, d'ap. Nocret. Très-
belle ép. avant le changement dans les armes.

487 — Le même Portrait. Belle ép.

488 — Charles Houel, baron de Morainville, d'ap.
Van Mol. Belle ép. avec marge.

489 — Louis XIV. — Le prince de Galles, — P. Pi-
thou. G. de Lagardie. — P. Natalis, etc. 7 p.

490 — P. Desponts. — Pernot, par Chereau. — Ha-
bert de Montmor, par Trouvain. 3 p. Belle ép.

491 **Simon**. Anne-Marie-Louise d'Orléans, duchesse de Montpensier. Belle ép.

492 **Storck** (A.) Portrait de L. de Leyde. Belle ép.

493 **Strange** (R.). Charles Ier en pied, près de son cheval, d'ap. Van Dyck. Belle ép.

494 — Les Enfants de Charles Ier, d'après Van Dyck. Très-belle ép.

495 **Suiderhoef et Sompel.** Portraits des empereurs romains et des princes de la famille de Nassau. 12 p. Belles ép.

496 **Vallet** (G.). Denis Cohon, évêque. Belle ép.

497 **Vangelisty** (V.). M. A. d'Apchon, évêque d'Auch, d'ap. Tischbeim. Belle ép. avant la lettre.

498 **Vermeulen.** Marie-Louise de Tassis, d'ap. Van Dyck. Très-belle ép.

499 **Vischer** (C.). Gillus Bouma. Très-belle ép. avant l'année 1656.

500. — Pierre Scriverius. Belle ép.

501 **Vosterman** (L.). Connétable de Bourbon. Très-belle ép.

502 — Howard, d'ap. Holbein. Très-belle ép.

503 — Charles Ier. Très-belle ép.

504 **Wagner.** Pierre-le-Grand. — Anne, Élisabeth, impératrices de Russie. d'ap. Amiconi. 3 p. Belles ép.

505 — Rosalba Carriera, d'ap. elle-même. Très-belle ép. avant la lettre.

505 **Wille** (J.-G.). Élisabeth-Marguerite de Largillière. Belle ép. avec marge.

507. — Comte de Saint-Florentin, d'ap. Tocqué. Belle ép.

508 — Foucquet de Belle-Isle, d'ap. Rigaud. — N. Berrier, d'ap. De Leyne. 2 p. Anciennes ép.

589 — J.-B. Massé. — Comte de Saint-Florentin.
2 p. Belles ép.

510 — Duc de Villeroy. — Parrocel. — Manessier.
— Henri-Benoist Stuart. 4 p. Belles ép.

511 — Trente-deux petits portraits. Personnages
étrangers.

512 — Dix-huit portraits, par Hainzelman, Van Dalen, Vosterman, Blœmart et autres.

513 — Vingt-six portraits flamands et hollandais,
par C. Galle, Houbraken et autres.

514 — Vingt-deux portraits, par Kilian, Preisler,
Haid, Vogel, etc.

515 — Soixante-dix petits portraits étrangers.

LIVRES

516 **Albertolli** (G.). Ornements divers. 24 pl. 1 vol.
in-fol.

517 **Aquila** (P.). Peintures de la galerie Farnese.
In-iol.. obl.

518 **Azeglio** (di). La Reale galleria di Torino,
illustrata da Roberto di Azeglio, Torino, Chirio
et Mina, 1836. Superbe exemplaire avant la
lettre, papier de chine, en livraisons.

517 **Bartolozzi** et autres. Etudes, d'après les dessins de différents maîtres de l'École italienne,
91 pl. 1 vol., petit in-fol. d.-rel., tr. dor.

520 **Bartoli**. La Colonne Trajane. In-fol. obl. cart.
Bel exemplaire.

521 — La Colonne Antonine, in-fol., obl. cart. Bel
exemplaire.

522 **Bonavera** (D.). Anatomie du corps humain,
d'ap. Le Titien, 17 pl. Petit in-fol.

523 **Bossi**. Recueil de dessins originaux, d'ap.
Le Parmesan. Recueil de Têtes inventées et des-
sinées par Bossi. 54 pl., in-fol.

524 **Chamberlaine** (J.). Original designs of the
most celebrated masters of the bolognese, roma, Florentine and venetian school, compri-
sing some of the works of Leonardo da Vinci,
Claude Lorrain, Raphael, etc.; in majesty's collection, engraved by Bartolozzi, Tomkins. etc.;
with biographical and historial sketches, Lon-
don, 1822, in-fol., d.-rel. tr. dor.

525 **Collaert** (A.). Passion et résurection de Jésus-
Christ, d'ap. M. de Vos. 51 pl., bellés ép. en un
vol. obl. cart.

526 La vie de Saite-Claire. 34 pl. très-belles ép.

527 **Franco** (G.). Effiggie naturali dei maggiore
principi et piu valorosi capitani di questa eta
con l'armelovo. Venetiis. 1596. Suiie de 33 portraits. Très-belles ép. en un vol. in-8. Rare.

528 **Galiari** (G.). Inventions théâtrales. 24 pl. in-
fol. obl.

529 **Holbein** (H., par et d'ap.). La Danse des Morts,
53 p.

530 **Hugford** (H.). Vita di ant Domenico Gabiani
Pittore Fiorentino. In Firenze, 1762. 100 pl. en
1 vol. in-fol, broché.

531 **Jollain** (Chez). La Sainte Bible. 148 pl. La vie et les miracles de Jésus-Christ. 120 pl. in-4, oblong.

532 **Magnan** (L.). La Colonne Antonine. Rome, 1769. In-fol.

533 Colonne Antonine. Double.

534 **Mulinari.** Fac simile des dessins des maîtres italiens, existant dans les plus célèbres cabinets de l'Europe. 24 pl.

135 **Novelli.** Album de qnarante et une copies, d'ap. Rambrandt aveé texte explicatif. Venise, 1844.

536 **Piranesi** Opere varie di architectura prospettive grotteschi antichita sul gusto degli antichi Romani inventate, ed incise da gio, Batista Piranesi, in Roma, 1750. 1 vol. in-fol., cart.

537 **Piroli.** L'Illiade, 34 pl. L'Odyssée, 28 pl. Les tragédies d'Eschyles, 31 pl. 2 vol. in-fol. obl.

538 **Pinelli.** Principaux faits de l'histoire Grecque et Romaine. 200 pl. en 2 vol. In-4 obl. broché.

539 Traits principaux de l'histoire Romaine. 100 pl. gravées à l'eau forte.

540 **Polanzani.** Recueil de soixante douze portraits d'artistes. In-4.

541 **Sadeler.** Dessins variés d'oiseaux, insectes, fleurs et fruits. 52 pl.

542 **Stradan.** Chevaux de divers nations. 32 pl. obl.

543 Autre recueil. 24 pl.

544 **Vaccavi** (G.). Vie de Saint-François. 46 pl. Figures de Thomasin.

545 **Vannoli** (J.). Antiquités de Rome. 106 pl. in-fol. obl.

546 **Vecellio** (C.). Habiti antichi overo vaccolta di di figure, delineate dal gran Titiano, etc. In Ventia, 1664, in-8.

547 **Zompini** (G.). Les métiers de Venise. 60 pl. à l'eau forte. Petit in-fol. cart.

548 Le Pitture di Pelligrino tibaldi e di Niccolo Abbati esistenti nell' instituto di Bologna descritte ed illustrate da Giampietro Zanotti. In Venezia, 1766, in-fol. cart.

549 Les Métamorphoses d'Ovide. W. Jansenius, exc. Amsterdam. 150 fig. in-4 obl.

550 Sous ce numero il sera vendu, par lots, un grand nombre d'estampes de toutes les écoles et quelques livres à figures.

RENOU et MAULDE, imprimeurs de la Compagnie des Commissaires-Priseurs, rue de Rivoli, 144.   21978